ALPHABET

ET

SYLLABAIRE,

OU

PRINCIPES DE LECTURE

POUR LA JEUNESSE.

——◆——

à Bar - le - Duc,

CHEZ F. GIGAULT D'OLINCOURT,

Lithographe et Imprimeur-Libraire,

Ruc Rousseau, N.º 19.

——◆——

1832.

IMPRIMERIE

DE

F. GIGAULT D'OLINCOURT,

A BAR-LE-DUC.

A B C

D E F G

H I J K

L M N O

4

P Q R S
T U V W
X Y Z.

a b c d e f
g h i j k l

mnopqrs

tuvwxyz.

Chiffres arabes.

0123456789.

Chiffres romains.

I, II, III, IV, V, VI,
VII, VIII, IX, X, XX,
XL, L, LX, C, D, M.

ABCDEFGH
IJKLMNOP
QRSTUVWXYZ.

a b c d e f g h i
j k l m n o p q r
s t u v w x y z.

Voyelles.

A E I O U

Consonnes.

B C D F G J K L M N
P Q R S T V X Z.
H Y.

Lettres doubles.

æ œ ſi ſſi ſl ſſl ff w.

ç à é è ê â î ô û ʼ! ? : , ; .

Syllabes.

ba be bi bo bu

ea ce ci co eu

da de di do du

fa fe fi fo fu

ga ge gi go gu

ha	he	hi	ho	hu
ja	je	ji	jo	ju
ka	ke	ki	ko	ku
la	le	li	lo	lu
ma	me	mi	mo	mu
na	ne	ni	no	nu
pa	pe	pi	po	pu
qua	que	qui	quo	qu
ra	re	ri	ro	ru
sa	se	si	so	su

ta te ti to tu
va ve vi vo vu
xa xe xi xo xu
za ze zi zo zu

Mots divisés par Syllabes.

pa pa
ma man
fan fan
do do

jou jou

tou tou

bon bon

din don

se rin

pa vé

cou teau

bon net

cor don

cou sin

sou lier

jar din

pois son

por trait

ta bleau

mar chand

a bri cot

ba lan ce

ar ti chaut

car ros se

ser vi teur

bil bo quet

vi va ci té

cou ver tu re

heu reu se ment

im po li tes se

il lu mi na ti on

La ro se em-
bau me ; le char-
don pi que ; l'é-
pi ne bles se.

Le de voir d'un
en fant est d'o bé-
ir à ses pa rens, de
cher cher tout ce
qui peut leur fai -
re plai sir.

Les hommes ont été faits pour s'aimer; ils sont ré u nis en so ci é té pour se ren dre ser vi ce les uns aux au tres.

La sa ges se d'un en fant le rend plus ai ma ble.

Dieu a tout fait ; il pu nit
les mé chans ; il ré com pen se
les bons.

Ho no rez vo tre pè re et vo-
tre mè re a fin que vous soy ez
heu reux et que vous vi viez
long -temps sur la ter re.

Por tez hon neur et res pect
à ceux qui ont les che veux
blancs.

La crain te du Sei gneur est
le com men ce ment de la sa-
ges se.

Nous pa raî trons tous au tri bu nal de Dieu, et cha cun ren dra comp te de ses ac ti ons.

E cou tez avec do ci li té ce que l'on vous dit, a fin de le bien com pren dre et de don- ner une ré pon se sa ge et jus te.

FIN.

www.ingramcontent.com/pod-product-compliance
Lightning Source LLC
Chambersburg PA
CBHW061813040426
42447CB00011B/2627